VENTE
du Mercredi 8 Mai 1901

HOTEL DROUOT, SALLE N° **1**

à deux heures et demie

TABLEAUX ANCIENS

PASTELS

Mᵉ **PAUL CHEVALLIER**, commissaire-priseur

M. **JULES FÉRAL**, expert

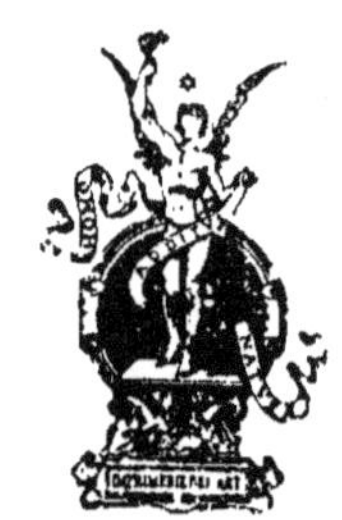

CATALOGUE

DE

TABLEAUX ANCIENS

PAR

VAN ARTOIS, BOTH, PAUL BRIL, BOUT ET BOUDEWYNS,
PETERS BONAVENTURE, P. BREYDEL, PH. DE CHAMPAIGNE
DIETRICH, DE MARNE, DE WET,
DROOGSLOOT, EKELS, MOLENAER, JEAN MIEL, B. GAËL, S. RICCI,
SCHALCKEN, SUBLEYRAS, TH. WYCK, ETC., ETC.

Primitifs de l'École Italienne

PASTELS

Dont la vente aura lieu

HOTEL DROUOT, SALLE N° 1

Le Mercredi 8 Mai 1901

A DEUX HEURES ET DEMIE

COMMISSAIRE-PRISEUR	EXPERT
Mᵉ P. CHEVALLIER	**M. JULES FÉRAL**
10, rue Grange-Batelière	54, Faubourg Montmartre

EXPOSITION PUBLIQUE

Le Mardi 7 Mai 1901, de 1 h. 1/2 à 5 h. 1/2

CONDITIONS DE LA VENTE

Elle se fera au comptant.

Les acquéreurs paieront *dix pour cent* en sus des prix d'adjudication.

Paris. — Imp. de l'Art, E. Moreau et Cie, 41, r. de la Victoire.

DÉSIGNATION

TABLEAUX ANCIENS

1 — *Vues de Paris.*
Deux gravures d'après Courvoisier.

CHARDIN (D'après)

2 — *Portrait d'Homme.*
Pastel.

ÉCOLE FRANÇAISE

3 — *Portrait de Femme en buste.*
Pastel.

ÉCOLE FRANÇAISE

4 — *Portrait d'un Gentilhomme en habit rouge.*
Pastel.

ÉCOLE FRANÇAISE

5 — *Portrait de Jeune Femme en buste.*
Pastel.

BASSAN (École du)

6 — *Sujet biblique.*

BASSAN (D'après le)

7 — *Jésus chez Marthe et Marie.*

BERGHEM (D'après Nicolas)

8 — *Berger poussant un troupeau.*

MESSINE (D'après A. de)

9 — *Portrait d'Homme.*

BOTH (André)

10 — *Paysage animé de figures.*

BREKELENKAMP (Genre de G. Van)

11 — *Un Fumeur.*

BREUGHEL (Attribué à)

12 — *Paysage avec cours d'eau.*

BREUGHEL (Genre de Jean)

13 — *Paysage accidenté.*

BREUGHEL DE VELOURS (Genre de)

14 — *Paysage avec figures.*

BRIL (Paul)

15 — *Paysage avec figures au bord d'un cours d'eau.*

DE TROY (Attribué à)

16 — *Portrait de Femme en buste.*

DOLCI (Carlo)

17 — *Mater Dolorosa.*

DOLCI (Attribué à Carlo)

18 — *La Vierge au voile blanc.*

DOW (D'après Gérard)

19 — *La Toilette.*

DUJARDIN (Attribué à Karel)

20 — *La Charité.*

DYCK (École de Van)

21 — *Le Christ en croix.*

FRANCK (Attribué à François)

22 — *Le Christ en croix, dans un encadrement de figures symboliques.*

FRANCK (École des)

23 — *Le Calvaire.*

GRYFF (Attribué à)

24 — *Animaux et fruits dans un parc.*

HEYDEN (Genre de Van der)

25 — *Vue d'une Ville hollandaise.*

HEYDEN (D'après Van der)

26 — *Vue d'un Canal en Hollande.*

HOLBEIN (D'après)

27 — *Portrait d'Homme.*

JORDAENS (Attribué à)

28 — *Le Christ et la Femme adultère.*

MARATI (Carle)

29 — *L'Assomption de la Vierge.*

MATSYS (D'après Quentin)

30 — *La Vierge soutenant le Christ descendu de la croix.*

MATSYS (D'après Quentin)

31 — *Le Philosophe.*

MONNOYER (Genre de B.)

32 — *Fleurs dans un vase posé sur une console de pierre.*

MURILLO (École de)

33 — *Saint Antoine de Padoue.*

RAPHAEL (D'après)

34 — *Vierge en buste.*

MIEL (Jean)

35 — *Paysage italien avec figures.*

BREUGHEL (Attribué à P.)

36 — *La Femme adultère.*

BREUGHEL D'ENFER (Attribué à)

37 — *Vue d'une Ville incendiée.*

BOUT et BOUDEWYNS

38 — *Paysage accidenté et animés de personnages.*

Van ARTOIS

39 — *Route à la lisière d'un bois.*

WET (G. DE)

40 — *La Femme adultère.*

Signé au centre.

TRÉMOLLIÈRE (Attribué à)

41 — *Le Bain de Diane.*

Gracieuse composition.

SCHALKEN (G.)

42 — *La Belle hollandaise.*

Charmant petit tableau.

SCHALKEN (G.)

43 — *Un Écrivain.*

Bon tableau dans un cadre en bois sculpté.

RICCI (Sébastien)

44 — *Scène militaire.*

HONTHORST (Attribué à Gérard)

45 — *Femme et Enfant s'éclairant à la chandelle.*

MEMLING (Attribué à)

46 — *Portrait d'Homme.*

GAEL (B.)

47 — *Le Jeu du village.*

Bonne peinture dans la manière de Ph. Wou-
werman.

EKELS

48 — *Entrée d'une Ville hollandaise.*

Signé à gauche.

DROOGSLOOT

49 — *Le Siège d'une ville.*

Signé à gauche du monogramme et 'daté *1646.*

DIETRICH

5o — *Paysage avec rochers et cours d'eau.*

DE MARNE

5ɪ — *La Passerelle.*

BREYDEL (LE CHEVALIER)

52 — *Combat de cavaliers.*

CHAMPAIGNE (École de PH.)

53 — *Le Repos de la Sainte Famille.*

SWEBACH (Attribué à)
(DEUX PENDANTS)

54 — *Le Rendez-vous de chasse.*

BONAVENTURE (PETERS)

55 — *Marine par temps d'orage.*

BERGHEM (NICOLAS)

56 — *Bergers et animaux.*

MOLENAER

57 — *La Séduction.*

MOIRON
(DEUX PENDANTS)

58 — *Batailles.*

Peintures sur cuivre.
Signées.

GIORGIONE (Attribué au)

59 — *Portrait d'un Homme d'armes debout, de grandeur naturelle.*

Important portrait décoratif.

BRONZINO (Attribué à LORI dit le)

60 — *Portrait d'une Dame de qualité.*

CHAMPAIGNE (PH. DE)

61 —· *La Fuite en Égypte.*

ÉCOLE ITALIENNE

62 — *La Vierge, l'Enfant Jésus et quatre saints (Triptyque).*

Au centre, sur une chaise à haut dossier est assise la Vierge, vêtue d'une robe rouge et d'un grand manteau bleu, brodé d'or, dont un pan ramené sur la tête forme voile ; de ses deux mains, elle retient sur ses genoux l'Enfant Jésus assis sur un coussin. Celui-ci tient un fruit de la main droite, un vase de la main gauche.

Sur le volet gauche, sont représentés debout saint Michel, vêtu d'une riche armure, foulant le démon à ses pieds, et saint Jean l'Évangéliste.

Sur le volet de droite, sont figurés saint Pierre lisant dans un livre et portant ses clefs, saint Blaise en costume d'évêque tenant une crosse et un rateau de fer instrument de son martyre. Sur la base de ce tableau est tracée la date *1469*.

Fond d'or.

Cadre architectural en bois doré composé, de groupes, de colonnettes torses supportant des arcatures gothiques ornées d'engrelures et de grands feuillages.

ÉCOLE FLORENTINE

63 — *Le Christ en croix, la Vierge, Saint Jean, Sainte Madeleine.*

ÉCOLE ITALIENNE
(DEUX PENDANTS)

64 — *L'Adoration des Bergers.*
65 — *L'Adoration des Mages.*

Peintures sur bois avec rehauts d'or.

ÉCOLE ITALIENNE

66 — *L'Annonciation.*

Peinture avec rehauts d'or.

PRUD'HON (Genre de)

67 — *Jeune Femme en buste.*

RAOUX

68 — *Portrait de Jeune Femme.*

RIBERA

69 — *Portrait d'Homme en buste.*

RIBERA (Attribué à)

70 — *Moine vu jusqu'à mi-corps.*

RUBENS (Ecole de)

71 — *La Salutation angélique.*

RUBENS (École de)

72 — *Suzanne au Bain.*

RUBENS (D'après)

73 — *La Chasse à l'Ours.*

SASSO FERRATO

74 — *La Vierge en prière.*

SUBLEYRAS

75 — *L'Ascension d'un Saint.*

TAUNAY

76 — *Sujet tiré de l'Histoire romaine.*

TEMPESTA

77 — *Marine par un temps d'orage.*

TENIERS (D'après D.)

78 — *Le Repos des Fermiers.*

TERBURG (Genre de)

79 — *Scène d'intérieur.*

TIEPOLO (Attribué à Dom.)

80 — *Sujet tiré de l'Histoire romaine.*

TITIEN (D'après le)

81 — *Danaë.*

VENNE (Genre de Van der)

82 — *Le Retour du Marché.*

VERKOLJE (Attribué à N.)

83 — *Femme tenant des Fleurs.*

VERNET (D'après J.)

84 — *Marine.*

VERKOLIE (Attribué à)

85 — *La Ménagère hollandaise.*
Signé à droite et daté *1705*.

WATTIER (Émile)

86 — *Le Repos à la Campagne.*

WYCK (Thomas)

87 — *Livre et mappemonde sur une table couverte d'un tapis vert.*

ÉCOLE DE BRUGES

88 — *Le Christ en croix entre la Vierge et Saint Jean-Baptiste.*

ÉCOLE FLAMANDE

89 — *Le Christ descendu de la Croix.*

ÉCOLE FRANÇAISE
(DEUX PENDANTS)

90 — *Portraits d'Homme et de Femme.*

ÉCOLE FRANÇAISE
(DEUX PENDANTS)

91 — *Fleurs dans des vases.*

ÉCOLE FRANÇAISE

92 — *Paysage avec cavalier sur une route.*

ÉCOLE FRANÇAISE

93 — *Portrait de Femme tenant une perruche.*

ÉCOLE HOLLANDAISE

94 — *Jeune Femme vue à mi-corps portant une coiffe de dentelle.*

ÉCOLE HOLLANDAISE

95 — *Portrait de Femme.*

> Toile de forme ovale.
> Cadre en bois sculpté.

ÉCOLE HOLLANDAISE

96 — *Scène d'Intérieur.*

ÉCOLE ITALIENNE

97 — *Sainte Catherine et le Dragon.*

> Panneau avec rehauts d'or.

ÉCOLE ITALIENNE

98 — *La Nativité.*

> Fond de paysage et rehauts d'or.
> Bois.

ÉCOLE ITALIENNE

99 — *Le Christ en croix entre la Vierge et Saint Jean.*

> Peinture rehaussée d'or sur panneau à encadrement sculpté.

ÉCOLE ITALIENNE

100 — *Trois Figures de martyrs.*

Peinture rehaussée d'or, décorant un panneau de coffre.

ÉCOLE ITALIENNE

101 — *La Charité romaine.*

ÉCOLE ITALIENNE

102 — *Le Christ au roseau.*

ÉCOLE ITALIENNE

103 — *Enfant jouant du luth.*

ÉCOLE ITALIENNE

104 — *La Vierge, l'Enfant Jésus et Saint Jean Baptiste.*

ÉCOLE ITALIENNE

105 — *Jésus-Christ et ses disciples entrant à Jérusalem.*

Peinture rehaussée d'or.

ÉCOLE DE SIENNE

106 — *Le Baptême du Christ.*

Peinture sur bois rehaussée d'or.

ÉCOLE ITALIENNE

107 — *Portrait d'un Cardinal.*

ÉCOLE HOLLANDAISE

108 — *Chasseur et Paysanne.*

PRIMATICE (Genre du)

109 — *Fête romaine.*

RUYSDAEL (D'après J.)

110 — *Le Torrent.*

HOBBEMA (D'après M.)

111 — *Le Moulin à eau.*

NEEFS (D'après P.)
(DEUX PENDANTS)

112 — *Intérieurs d'Église animés de nombreux personnages.*

ÉCOLE MODERNE

113 — *Italienne à mi-corps.*

www.ingramcontent.com/pod-product-compliance
Lightning Source LLC
LaVergne TN
LVHW011009180726
843502LV00007B/2428